AF438239

FRANCE ET RUSSIE

ESTIME ET SYMPATHIE

(QUESTION D'ALLIANCE)

PAR

Armand de FÉRUSSAC

BORDEAUX

IMPRIMERIE GÉNÉRALE D'ÉMILE CRUGY

16, rue et hôtel Saint-Siméon, 16

1880

FRANCE ET RUSSIE

ESTIME ET SYMPATHIE

(QUESTION D'ALLIANCE)

En 1874, je rendis compte, dans le *Courrier de la Gironde*, d'impressions de voyage dans les Pyrénées, et d'un incident flatteur pour la Russie dont j'avais été témoin à Biarritz, et voici en quels termes je le faisais connaître :

« Vendredi et samedi, la population de Biarritz a fêté, à
» l'hôtel Gardère, le grand-Duc Constantin, qui y habite : il
» y a eu de magnifiques sérénades et deux feux d'artifice :
» le premier était tiré à l'intention de l'Empereur de Russie,
» dont c'était la fête, et le second en l'honneur du grand-
» Duc Constantin, que la population de Biarritz *proclamait*
» hautement *l'ami de la France*, et qu'elle se réjouissait
» d'avoir auprès d'elle. Dieu veuille que l'Empereur de
» Russie et le grand-Duc Constantin, s'ils ne le sont déjà,
» deviennent les amis de cette France accablée par le
» nombre, de cette nation qui a toujours eu un si grand
» cœur pour ceux qu'elle croyait opprimés qu'elle y a com-

» promis ou affaibli ses forces. Les alliances de la Russie
» sont franches : les Souverains de cette grande nation ne
» rusent pas; ils ne nous *bismarqueraient* pas, à Biarritz ou
» ailleurs, à la façon du grand-Chancelier d'une autre nation.

» Agréez, etc. »

Cédant à l'enthousiasme de la population de Biarritz,
pour son hôte illustre, je crus devoir faire hommage
de mon article à Son Altesse le grand-Duc Constantin.
Je reçus en son nom une lettre ainsi conçue :

Biarritz, le 29 octobre 1874.

MONSIEUR,

Le grand-Duc Constantin a reçu le numéro du 20 septembre, du *Courrier de la Gironde,* que vous avez eu
l'amabilité de lui envoyer.

Monseigneur a lu votre article avec le plus grand intérêt,
et me charge de vous transmettre ses remerciements.

Je me permettrai d'ajouter, je ne parle qu'en mon nom et
n'énonce que mes opinions personnelles, que vous ne vous
**trompez pas sur le compte des sentiments
de mes compatriotes** pour votre pays, mais il faut
dire que ces sympathies restent et resteront peut-être
longtemps encore stériles. Nous sommes au XIXe siècle,
siècle d'arithmétique s'il en fut, où l'on ne fait plus de
mariages de sympathie et d'amour, mais bien des mariages
de raison, où l'on y pense à deux fois avant de donner
cours à ses sentiments ! Or, *vous voudrez bien excuser*
ma franchise de soldat, Monsieur, nous devons, avant
de rien entreprendre, nous demander ce qu'est ce pays
dont nous aurions **bien** voulu devenir **les alliés ?**
Et c'est là une question bien ardue à résoudre, même
pour un Français ! En effet, si vous devenez une monarchie
du droit divin, gouvernée par des Monseigneur Dupanloup,

qui, en 1854, bénissait vos bannières, pendant que vous vous apprêtiez à faire la guerre à des chrétiens (schismatiques, il est vrai, mais chrétiens) pour *sauver Mahomet;* ou bien un empire démocratique avec les souvenirs de 1812, nous n'y trouverons pas notre compte. . . . .

. . . .

Et vous avez l'air de vous opposer systématiquement à la fondation d'une république modérée.

Je vous demande encore une fois pardon pour ma franchise et vous prie de recevoir l'assurance de ma considération la plus distinguée.

Alexandre KIRÉEFF,

Aide de camp.

Je considérai ce document comme indiquant des dispositions favorables à mon pays, et je crus devoir les faire connaître au ministre des affaires étrangères, dont je reçus, le 16 novembre 1874, une réponse ainsi conçue :

MONSIEUR,

Je vous remercie de votre **précieuse communication.** J'ai lu *avec intérêt* la lettre que vous avez bien voulu faire passer sous mes yeux . . . .

. . . .

Permettez-moi de saisir cette occasion pour vous renouveler, Monsieur, avec mes remerciements, l'assurance de ma considération très distinguée.

DECAZES.

Je m'étais proposé de publier cette lettre, et j'en fis part à M. le duc Decazes, ne voulant rien exposer des intérêts de mon pays.

Le 6 décembre 1874, je reçus de lui la lettre autographe ci-après :

MONSIEUR,

Vous voulez bien m'annoncer votre projet de publier prochainement, dans la *Revue des Deux-Mondes*, un article sur notre politique à l'égard de la Russie. La réserve à laquelle vous comprendrez que j'ai le devoir de m'astreindre ne saurait me permettre, en aucun cas, non seulement de participer même par mon approbation à une publication de ce genre, mais encore de vous exprimer ma manière de voir sur son *opportunité*. Mais, si je suis absolument tenu à ne prendre, en cette occasion, aucune part de responsabilité, je n'en serai pas moins toujours très heureux *de lire tout ce qui sera signé de votre nom*.

Recevez, etc.

DECAZES.

Craignant un danger, je m'abstins de publier la lettre de M. Kiréeff. Il me suffisait que le ministère des affaires étrangères connût, par ma communication, les sympathies de la Russie pour notre pays. Il pouvait *en profiter*, et pour moi c'était tout.

Mes sympathies pour la Russie ne diminuèrent pas, et voici ce que j'écrivis de nouveau, dans le *Courrier de la Gironde* du 1er mai 1877, sur la nécessité de s'abstenir dans la guerre d'Orient :

Bordeaux, le 1er mai 1877.

MONSIEUR LE RÉDACTEUR,

Eussions-nous perdu l'Alsace et la Lorraine si, depuis de longues années, nous n'avions pas diminué et notre population et nos ressources par les guerres continuelles que nous avons livrées au Mexique, en Italie, en Chine et en Cochinchine, et surtout pour secourir la Turquie, en 1854, et appuyer l'Angleterre, son alliée du premier jour? Qui ne se rappelle Inkermann, où, sans le général Bosquet, qu'on paraît trop oublier, Turcs et Anglais étaient gravement compromis.

Qu'ont fait pour nous ces deux peuples en 1870, quand nous nous sommes trouvés trop affaiblis?

L'Italie n'est-elle pas restée **sourde** comme eux à nos maux? On ne nous a jamais secourus.

Mais aujourd'hui qu'irions-nous faire avec l'Angleterre, au service de la Turquie?

Pourquoi irions-nous lutter une deuxième fois contre un peuple noble et généreux, dont nous aurions toujours dû être l'ami au lieu de le combattre?

Il aurait été, ce peuple, notre appui moral en face de notre rude adversaire de 1870; il aurait peut-être traité pour nous. Il ne l'a pas fait, parce qu'il s'est rappelé qu'en 1854 nous avions brandi l'épée contre lui, au profit du Turc, pour la gloire de Mahomet! *L'immortel M. Thiers aurait vu aboutir ses négociations auprès de lui.*

Restons donc simples spectateurs de la lutte, et imitons les puissances qui, en 1870, nous laissèrent à notre faiblesse en face d'un ennemi puissant, qui ne s'était jamais affaibli, comme nous l'avons fait, à secourir *de trop nombreux* opprimés.

Bien à vous, Monsieur le Rédacteur.

De Férussac.

Je crus devoir faire connaître cet article à M. le duc Decazes, et j'en reçus, le 8 mai 1877, la lettre ci-après :

Monsieur,

J'ai reçu, avec la lettre que vous avez bien voulu m'écrire, l'article que vous avez publié le 1er mai dans le *Courrier de la Gironde*; recevez-en tous mes remerciements et l'expression, etc.

DECAZES.

Je reçus aussi du prince Orloff la réponse suivante :

Paris, le 15 mai 1877.

Monsieur,

J'ai reçu la lettre que vous avez bien voulu m'écrire, en date du 12 mai courant, ainsi que la coupure du journal le *Courrier de la Gironde* contenant l'article dont vous êtes l'auteur.

J'ai pris connaissance de cet article *avec un véritable intérêt*. Je vous remercie des sentiments de sympathie que vous exprimez à cette occasion à l'égard de la Russie et des vœux que vous formez pour le succès des armées impériales.

Recevez, etc.

L'ambassadeur de Russie,

Prince ORLOFF.

L'abstention a heureusement prévalu, et par la paix la France a pu cicatriser ses blessures et cimenter ses bons rapports avec la Russie.

Nous n'avons qu'à ne pas nous laisser entraîner par ceux qui auraient voulu nous voir leur rapporter un lambeau de la Turquie ! *Est-ce donc bien à nous, à qui on a ravi l'Alsace et la Lorraine, à prendre aux autres ? Qu'on nous rende, soit, et nous avons posi-*

tivement intérêt à une alliance avec la Russie. Le général russe Kiréeff n'a parlé qu'en son nom personnel, mais il croyait, en 1874, que cette alliance serait possible, si, négligeant les autres formes de gouvernement, « nous n'avions pas l'air de nous opposer » systématiquement à *la fondation* d'une république » modérée ». *La République n'exclut donc pas les alliances !*

J'ai cru le moment opportun de publier la correspondance qui précède, parce que je lis dans le *Courrier de la Gironde* du jeudi 25 juillet 1878, un extrait du journal l'*Union*, dans lequel on dit, inexactement, sans doute, qu'on paraît vouloir se servir du *leader* des gauches comme d'un instrument, afin de pousser le gouvernement républicain dans une voie où la France aurait beaucoup à perdre *et l'Angleterre quelque chose à gagner !* A l'Angleterre j'oppose la Russie ; *ayons l'affection de ces deux peuples, mais ne concentrons pas « nos sympathies sur un seul ».*

DE FÉRUSSAC.

Le 25 Juillet 1878.

Tel était l'état de la question, quand le 25 juillet 1878, j'eus l'idée de mettre tout ce qui précède en brochure, que j'intitulai *Bigarrures*, parce qu'elle contenait des récits de divers voyages.

J'adressai cette brochure à Messieurs les Ministres du Gouvernement français, au grand-Duc Constantin et au Prince Orloff, et les réponses qui vont suivre témoignent bien des sympathies des deux pays et contiennent **l'approbation** de ce que je disais de leurs dispositions réciproques.

MINISTÈRE DES TRAVAUX PUBLICS
CABINET DU MINISTRE

Paris, le 12 septembre 1878.

Monsieur DE FÉRUSSAC, *avoué à Lesparre, Gironde.*

MONSIEUR,

Monsieur le Ministre me charge de vous accuser réception et de vous *remercier* de l'envoi de votre brochure *A travers Soulac, Biarritz, Fontarabie,* que vous lui avez adressée à la date du 9 septembre courant.

Agréez, Monsieur, l'assurance de ma considération distinguée.

Le Chef du secrétariat particulier,
Signé RABEL.

MINISTÈRE DE L'INTÉRIEUR
CABINET DU MINISTRE

Paris, le 16 septembre 1878.

Monsieur DE FÉRUSSAC, *avoué à Lesparre, Gironde.*

MONSIEUR,

Monsieur le Ministre a reçu la brochure que vous lui avez fait l'honneur de lui adresser le 9 de ce mois, et qui est intitulée *A travers Soulac, Biarritz, Fontarabie.*

Il me charge de vous exprimer ses remerciements.

Agréez, Monsieur, l'assurance de ma considération très distinguée.

Le Chef du secrétariat particulier,

Signé MEYER.

AMBASSADE IMPÉRIALE DE RUSSIE

En réponse à la lettre de M. de Férussac, en date du 17 septembre, l'Ambassade Impériale de Russie à Paris est chargée de le remercier, au nom de Son Excellence M. le Prince Orloff, *des intéressantes brochures* qu'il a bien voulu lui envoyer.

Paris, le 17 septembre 1878.

MINISTÈRE DES FINANCES
CABINET DU MINISTRE

Paris, le 25 septembre 1878.

Monsieur,

Le Ministre a reçu la brochure sur l'utilité de l'alliance Russe que vous avez bien voulu lui envoyer.

M. Léon Say *a lu votre travail avec intérêt* et me charge de vous transmettre ses remerciements.

Veuillez agréer, Monsieur, l'assurance de ma considération très distinguée.

Le Sous-Chef du Cabinet,

Signé JAGER SCHMIDT.

Biarritz, 5 octobre 1878.

Monsieur,

Le grand-Duc Constantin a reçu la brochure que vous avez eu l'obligeance de lui envoyer, *et l'a lue avec le plus grand intérêt.*

Il me charge, Monsieur, *de vous en remercier.*

Veuillez croire à mes sentiments les plus distingués.

Signé Général KIRÉEFF.

Il résulte bien de cette lettre, qu'en 1878 les sentiments de la Russie pour la France étaient les mêmes qu'en 1874, et cette fois M. le général Kiréeff, qui écrit *tout le long,* au nom du grand-Duc Constantin, *assimile à Son Altesse* ce que j'avais reproduit de ses sentiments *personnels* de sa lettre du 29 octobre 1874.

La lettre de l'Ambassade Russe produit aussi la *même assimilation* à son pays.

LE MINISTRE DE LA GUERRE
avec ses remerciements.

LE DUC D'AUDIFFRET-PASQUIER

Remercie M. de Férussac de la brochure qu'il a bien voulu lui envoyer.

Au mois de mars 1880, je me proposais de rééditer ma brochure, mais préoccupé de l'affaire Hartmann, je crus devoir en référer à M. de Freycinet, président du Conseil, et voici la réponse dont il m'honora :

PRÉSIDENCE DU CONSEIL

Paris, le 11 mars 1880

Monsieur DE FÉRUSSAC, *avoué à Lesparre.*

MONSIEUR,

M. le Président du Conseil me charge de vous *remercier* de la communication que vous avez bien voulu lui faire par votre lettre du 26 février, et de vous informer qu'il n'a aucune observation à vous présenter, au sujet de la brochure que vous vous proposez de rééditer.

Agréez, Monsieur, l'assurance de ma considération distinguée.

Le Chef du cabinet,

Signé RABEL.

D'après cette lettre, rien n'a donc changé en 1880 entre les deux puissances, et leurs sympathies se continuent.

Dès lors, qu'irions-nous faire aujourd'hui en Orient, à la remorque de l'Angleterre ! de l'Angleterre qui ne nous procure *que la plus grosse part de canon,* exemple : La Crimée où nous avons occupé une *armée entière,* alors que l'Angleterre ne fournissait qu'un *faible contingent,* qui eût péri à Inkermann, sans la bravoure du général Bosquet.

Adroite Albion ! Le mot de perfide a trop vieilli ! Nous avez-vous compensé nos pertes de Crimée par un *bénéfice* à Suez et à Chypre ; vous avez tout préparé et *gardé* pour vous !

Est-ce donc bien à nous (comme je l'ai écrit dans ma brochure du 25 juillet 1878), à qui l'on a *ravi* l'Alsace et la Lorraine, à prendre aux autres ? Qu'on nous rende, soit, et nous avons positivement intérêt à une alliance avec la Russie !

Des journaux de la gauche avancée viennent de proclamer aussi cette vérité, le journal de M. Victor Hugo en tête.

M. Victor Hugo a daigné encourager mes essais, par une lettre bienveillante, qui est ainsi conçue :

Paris, le 7 mars 1880.

Monsieur DE FÉRUSSAC, *à Lesparre.*

Victor Hugo me charge de vous remercier de votre **inté- ressant** envoi et de vous transmettre toutes ses civilités.

Agréez l'assurance de mes sentiments distingués.

Signé Richard LESCLIDE.

M. Crémieux s'exprimait ainsi, à l'occasion d'une réunion maçonnique au Trocadéro, dans un accusé de réception, *autographe*, du 19 octobre 1878, ainsi conçu :

19 octobre 1878.

TRÈS CHER FRÈRE,

Que vous ayez *qualité*, où serait le doute ?

Et voilà que vos charmantes *Bigarrures* attestent grande- ment et spirituellement la capacité. Donc, nous serons charmés de vous recevoir le 24. Si vous tenez d'avance à une carte, je vous la ferai adresser; mais, entre nous, j'aimerais bien mieux vous obliger à venir me la demander en personne.

Votre bien dévoué de la Maçonnerie et du Barreau,

Signé Ad. CRÉMIEUX.

Je termine en faisant remarquer que, dans le numéro du 11 octobre 1880, le journal français *le Télégraphe*, publie un article de son correspondant de Russie, à la date du 6 octobre, insinuant que la Russie, d'après le journal Russe *Golos*, serait mécontente de voir la France se retirer de ce que j'appelle *la fournaise* d'Orient; — le *Golos* menace la France d'un isolement complet.

Ce n'est qu'une manière de voir d'un journal, et non l'expression de la Russie.

« Si le Gouvernement français ne voulait pas aller jus-
» qu'au bout, dit le *Golos*, il aurait mieux fait de ne point
» prendre part à la démonstration navale, en donnant l'ordre
» à l'amiral Lafont de ne s'associer à aucun acte d'hostilité
» sans au préalable en référer à son Gouvernement ! »

Il n'est jamais trop tard de reculer **devant le mal !**

Selon le *Golos*, les gouvernants de la République française cèdent à ce ressentiment qu'à l'époque de la guerre Franco-Allemande, l'Angleterre et la Russie sont restées simples spectatrices de la lutte, et ils pensent aujourd'hui leur payer leur indifférence d'alors.

D'abord, la Russie a prouvé sa force en Orient en

1878, et alors que l'Angleterre y *machinait* bien un peu contre elle. Elle n'a pas besoin de notre aide ; et nous avons démontré qu'elle est sympathique à nos gouvernants.

La Russie, qui a approuvé, en 1878, notre neutralité dans sa guerre d'Orient, ne peut pas trouver mauvais, que nous nous abstenions à Dulcigno ! Nous avons à cicatriser des plaies, à assurer le bien du pays par la paix et non pas à combattre des faibles, alors que notre rôle a été exagéré jusqu'ici, *rôle qui consistait à les défendre tous ! !*

Quoi *qu'il en arrive de Dulcigno*, cette brochure aura pour but de faire connaître les bons sentiments de la Russie à l'égard de la France, appert les documents ci-avant reproduits, et la réciprocité de ceux de la France !

Lesparre, le 11 octobre 1880.

ARMAND DE FÉRUSSAC,

Avoué,

ancien sous-chef de division à la Préfecture de la Gironde, ancien typographe.

Bordeaux. — Imprimerie générale d'Emile Crugy, rue et hôtel St-Siméon, 16.